Impressum
Verlag: BABADADA GmbH, Nedderfeld 112 , 22529 Hamburg
Geschäftsführer / Verlagsleitung: Harald Hof
Druck: Books on Demand GmbH, In de Tarpen 42, 22848 Norderstedt

Imprint
Publisher: BABADADA GmbH, Nedderfeld 112 , 22529 Hamburg, Germany
Managing Director / Publishing direction: Harald Hof
Print: Books on Demand GmbH, In de Tarpen 42, 22848 Norderstedt

colegio
ትምህርት ቤት

aula
መማሪያ ክፍል
dividir
ማካፈል
186/2
pizarrón
ሰሌዳ
patio de escuela
የትምህርት ቤት ቅጥር ግቢ
maestro
መምህር
papel
ወረቀት
escribir
መፃፍ
birome
እስክሪብቶ
escritorio
መፃፊያ ጠረጴዛ
regla
ማስመሪያ
libro
መጽሐፍ
alumno
ተማሪ

mochila
የጀርባ ቦርሳ

caja de lápices
የእርሳስ መያዣ

lápiz
እርሳስ

sacapuntas
የእርሳስ መቅረጫ

goma (de borrar)
ላጲስ

bloc de dibujo
የስዕል ደብተር

dibujo

ስዕል

pincel

የቀለም ብሩሽ

caja de pinturas

የቀለም ሳጥን

tijera

መቀስ

pegamento

ማጣበቂያ

cuaderno de ejercicios

መልመጃ ደብተር

tarea

የቤት ስራ

12

número

ቁጥር

2+2

sumar

መደመር

5-2

restar

መቀነስ

2×2

multiplicar

ማባዛት

calcular

ቁጥሮችን ማስላት

A

letra

ደብዳቤ

ABCDEFG HIJKLMN OPQRSTU VWXYZ

abecedario

ፊደላት

palabra

ቃል

texto

ፅሑፍ

leer

ማንበብ

tiza

ጠመኔ

lección

ትምህርት

cuaderno de clase

ምዝገባ

examen

ፈተና

certificado

ሰርተፊኬት

uniforme escolar

የትምህርት ቤት የደንብ ልብስ

educación

ትምህርት

enciclopedia

አዉደ ጥበብ

universidad

ዩኒቨርስቲ

microscopio

የምርምር አጉሊ መሳርያ

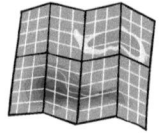

mapa

ካርታ

tacho (de basura)

የቆሻሻ ወረቀት መጣያ ቅርጫት

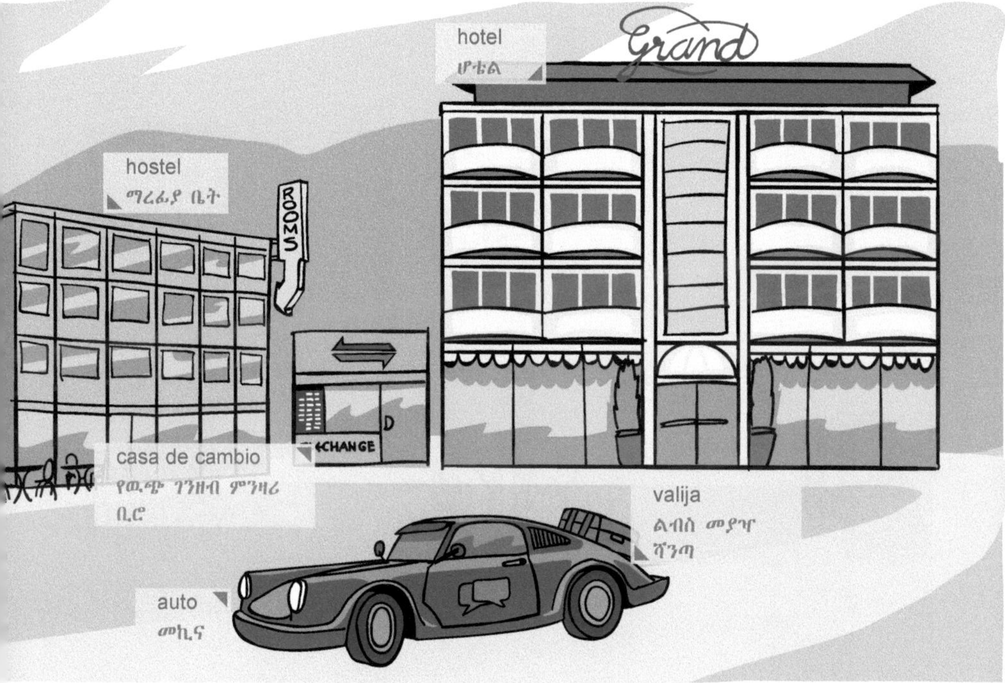

hotel
ሆቴል
hostel
ማረፊያ ቤት
casa de cambio
የዉጭ ገንዘብ ምንዛሪ ቢሮ
valija
ልብስ መያዣ ሻንጣ
auto
መኪና

idioma
ቋንቋ

sí / no
አዎ/ አይደለም

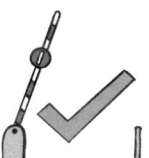

Está bien
እሺ

hola
ሰላም

traductor
አስተርጓሚ

Gracias
አመሰግናለሁ

¿cuánto cuesta…?

ስንት ነው.......?

No entiendo

አልገባኝም

problema

እክል

¡Buenas tardes!

እንደምን አመሹ!

¡Buenos días!

እንደምን አደሩ!

¡Buenas noches!

መልካም ምሽት!

adiós

ደህና ይሰንብቱ

dirección

አቅጣጫ

equipaje

ሻንጣ

bolso

ቦርሳ

mochila

የጀርባ ቦርሳ

invitado

እንግዳ

habitación

ክፍል

bolsa de dormir

የመተኛ ቦርሳ

carpa

ድንኳን

información turística

የጎብኚዎች መረጃ

playa

የባህር ዳርቻ

tarjeta de crédito

ክሬዲት ካርድ

desayuno

ቁርስ

almuerzo

ምሳ

cena

እራት

pasaje

ቲኬት

ascensor

አሳንሰር

sello

ማህተም

frontera

ድንበር

aduana

ባህሎች

embajada

ኤምባሲ

visa

ቪዛ/የይለፍ ወረቀት

pasaporte

ፓስፖርት

transporte

መጓጓዣ

barco
መርከብ
avión
አዉሮፕላን
autobomba
የእሳት አደጋ መኪና
colectivo
አዉቶብስ
camión
የጭነት መኪና
lancha a motor
የሞተር ጀልባ
bicicleta
ብስክሌት
auto
መኪና

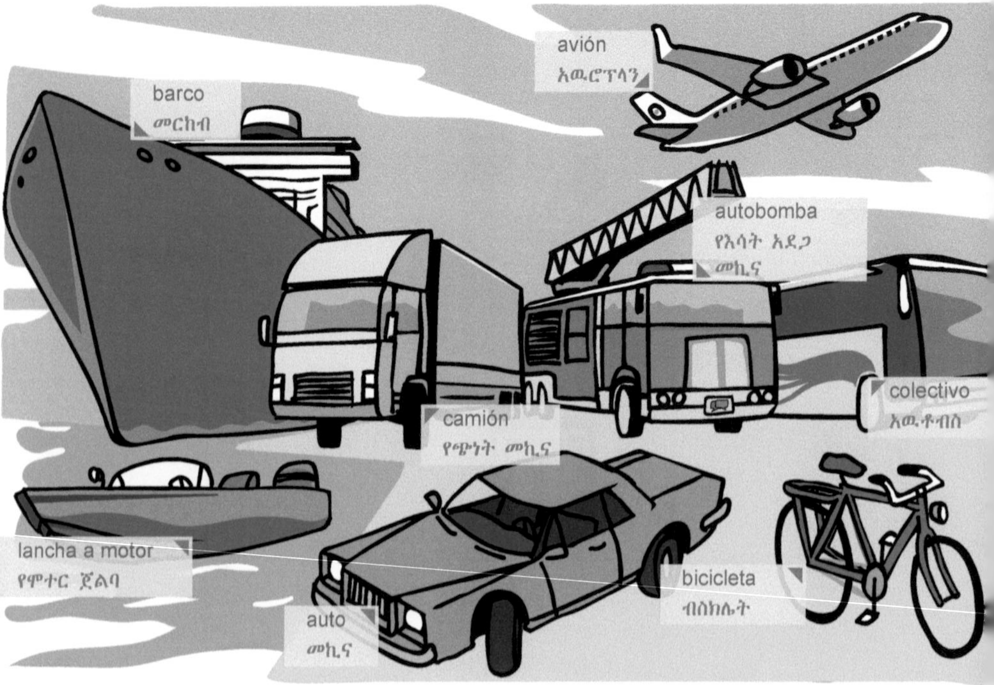

ferry

የማመላለሻ ጀልባ

bote

ጀልባ

moto

የሞተር ብስክሌት

patrullero

የፖሊስ መኪና

auto de carreras

የዉድድር መኪና

auto de alquiler

የኪራይ መኪና

alquiler de autos

....

የመኪና መጋራት

grúa

....

ታች መኪና

camión de basura

....

የ ሻሻ ጭነት መኪና

motor

....

ሞተር

nafta

....

ነዳጅ

estación de servicio

....

የቤንዚን ማደያ

señal de tránsito

....

የመንገድ ምልክት

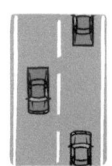

tránsito

....

የመኪኖች እንቅስቃሴ

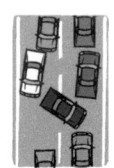

embotellamiento

....

የመኪና መጨናነቅ

estacionamiento

....

የመኪና ማ ሚያ

estación de tren

....

የባቡር ጣቢያ

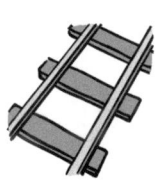

vías

....

የባቡር ሀዲዶች

tren

....

ባቡር

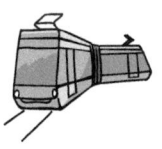

tranvía

....

የኤሌክትሪክ ባቡር

vagón

....

ሰረገላ

helicóptero

ሄሊኮፕተር

aeropuerto

አየር ማረፊያ

torre

ማማ

pasajero

መንገደኛ

contenedor

ማስቀመጫ፤ ማጠራቀሚያ

caja de cartón

ካርቶን እቃ ማሸጊያ

carretilla

ጋሪ፤ ተሳቢ

canasta

ቅርጫት

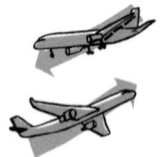

despegar / aterrizar

መነሳት/ ማረፍ

ciudad

ከተማ

pueblo

መንደር

centro de ciudad

የከተማ ማዕከል

casa

ቤት

cine
ሲኒማ

publicidad
ማስታወቂያ

farol
የመንገድ ዳር
መብራት

CINEMA

calle
መንገድ

taxi
ታክሲ

peatón
እግረኛ

kiosco
የቁርስ መቆያ ሱቅ

vereda
ድንጋይ የተነጠፈበት የእግረኛ
መንገድ

paso peatonal
የእግረኛ መሻገሪያ

ntenedor de basura
ሻሻ ማጠራቀሚያ

cruce
ማቁረጫ

semáforo
የትራፊክ
መብራቶች

cabaña
ጎጆ

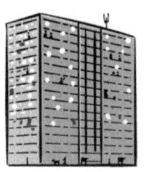

departamento
አፓርታማ

estación de tren
የባቡር ጣቢያ

municipalidad
የከተማ አዳራሽ

museo
ቤተ መዘክር

colegio
ትምህርት ቤት

universidad

ዩኒቨርስቲ

banco

ባንክ

hospital

ሆስፒታል

hotel

ሆቴል

farmacia

መድሐኒት ቤት

oficina

ቢሮ

librería

መፅሐፍ መሸጫ

negocio

ሱቅ

florería

የአበባ መሸጫ

supermercado

የሸቀጣ ሸቀጥ መደብር

mercado

ገበያ ስፍራ

grandes tiendas

መደብር

pescadería

የዓሳ ነጋዴ

centro comercial

የገበያ ማዕከል

puerto

ወደብ

parque

መናፈሻ ቦታ

banco

አግዳሚ ወንበር

puente

ድልድይ

escaleras

ደረጃዎች

subte

ዉስጥ ለዉስጥ

túnel

ዋሻ

parada del colectivo

የአዉቶቡስ ፌርማታ

bar

ባር

restaurante

ምግብ ቤት

buzón

የፖስታ ሳጥን

letrero

የመንገድ ምልክት

parquímetro

የመኪና ማቆሚያ ሒሳብ የሚያሰላ
ማሽን

zoológico

የደር እንስሳት ማቆያ

pileta

የመዋኛ ገንዳ

mezquita

መስጊድ

granja

እርሻ

contaminación

የሚበክል ነገር

cementerio

መቃብር ስፍራ

iglesia

ቤተ ክርስቲያን

juegos infantiles

መጫወቻ ሜዳ

templo

ቤተ መቅደስ

paisaje
መልከዓ ምድር

hoja
ቅጠል

poste indicador
የመንገድ ላይ ምልክት

camino
መንገድ

pradera
አረንጓዴ መስክ

piedra
ድንጋይ

excursionista
በእግሩ የሚጓዝ

árbol
ዛፍ

río
ወንዝ

hierba
ሳር

flor
አበባ

valle

ሸለቆ

montaña

ኮረብታ

lago

ሀይቅ

bosque

ጫካ

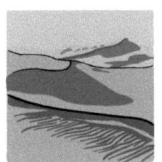

desierto

በረሃ

volcán

እሳተ ገሞራ

castillo

ግምብ

arco iris

ቀስተ ዳመና

champiñón

እንጉዳይ

palmera

የቴምብር ዛፍ/ ዘንባባ

mosquito

ቢንቢ/ የወባ ትንኝ

mosca

በራሪ

hormiga

ጉንዳን

abeja

ንብ

araña

ሸረሪት

escarabajo

ጢንዚዛ

rana

እንቁራሪት

ardilla

ሽኮኮ

erizo

ጃርት

liebre

ጥንቸል

lechuza

ጉጉት ወፍ

pájaro

ወፍ

cisne

የዉሃ ዳክዬ

jabalí

ከርከሮ

ciervo

አጋዘን

alce

አጋዘን

presa

ግድብ

aerogenerador

በነፋስ የሚሽከረከር

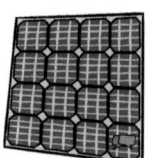

panel solar

የፀሀይ ፓኔሎ

clima

አየር ንብረት

restaurante
ምግብ ቤት

mozo
አስተናጋጅ
menú
ማዉጫ
silla
ወንበር
sopa
ሾርባ
pizza
ፒዛ
cubiertos
መክተፊያ
mantel
የጠረጴዛ ጨርቅ

entrada

የምግብ ፍላጎትን የሚከፍት ምግብ

plato principal

ዋና ምግብ

postre

ማጣጣሚያ ተከታይ ምግብ

bebidas

መጠጦች

comida

ምግብ

botella

ጠርሙስ

comida rápida

ፈጣን ምግብ

comida callejera

የመንገድ ምግብ

tetera

የሻይ ማንቆርቆሪያ

azucarera

የስኳር እቃ

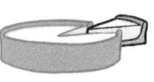

porción

ድርሻ

cafetera expreso

የቡና ማፊያ ማሽን

sillita alta

ባለጌ ወንበር

cuenta

የክፍያ ደረሰኝ

bandeja

ትሪ

cuchillo

ቢላዋ

tenedor

ሹካ

cuchara

ማንኪያ

cucharita

የሻይ ማንኪያ

servilleta

ልብስ ምግብ እንዳይነካ የሚረዳ
ጨርቅ

vaso

ብርጭቆ

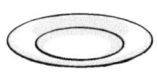

plato

ዝርግ ሰሀን

plato hondo

የሾርባ ጎድጓዳ ሰሀን

plato

የስኒ ማስቀመጫ

salsa

ማጣፈጫ ስጎ

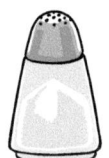

salero

የጨዉ እቃ

molinillo de pimienta

የተፈጨ ቃሪያ

vinagre

ኮምጣጤ

aceite

የምግብ ዘይት

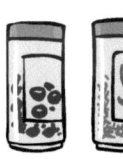

especias

ቀመማ ቅመሞች

kétchup

የቲማቲም ድልህ

mostaza

ሰናፍጭ

mayonesa

ማዮኒዝ

supermercado

የሸቀጣ ሸቀጥ መደብር

oferta especial
ልዩ አቅራቦት
FOR
cliente
ደምበኛ
lácteos
የወተት ተዋፅዖ
fruta
ፍራፍሬ
changuito
ባለ ጎማ የእጅ ጋሪ

carnicería

ሉካንዳ ነጋዴ

panadería

መጋገርያ

pesar

ክብደት መመዘን

verduras

ቅጠላ ቅጠል አትክልት

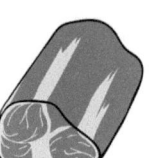

carne

ስጋ

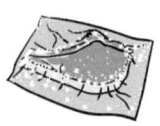

alimentos congelados

የቀዘቀዘ/የረጋ ምግብ

fiambres

ቀዝቃዛ ቁራጭ

alimentos enlatados

የታሸገ ምግብ

detergente en polvo

የማጠቢያ ዱቄት

golosinas

ጣፋጮች

electrodomésticos

የቤት ዉስጥ ዉጤቶች

productos de limpieza

የፅዳት ምርቶች

vendedora

የሽያጭ ባለሙያ

caja

የገንዘብ መመዝቢያ ማሽን

cajero

የሒሳብ ሰራተኛ

lista de compras

የግዢ ዝርዝር

horario de atención

ክፍት ሰዓታት

billetera

የኪስ ቦርሳ

tarjeta de crédito

ክሬዲት ካርድ

cartera

ቦርሳ

bolsa de plástico

የፕላስቲክ ቦርሳ

bebidas

መጠጦች

agua

ውሃ

jugo

ጭማቂ

leche

ወተት

bebida cola

ኮካ-ኮላ

vino

ወይን

cerveza

ቢራ

alcohol

አልኮል

cacao

ኮካ

té

ሻይ

café

ቡና

café expreso

የተፈላ ቡና

cappuccino

ካፕቺኖ

banana

ሙዝ

manzana

ፖም

naranja

ብርቱካን

melón

ሀብሀብ

limón

ሎሚ

zanahoria

ካሮት

ajo

ነጭ ሽንኩርት

bambú

ሽምበቆ

cebolla

ቀይ ሽንኩርት

champiñón

እንጉዳይ

nueces

ለዉዝ

fideos

የህፃናት ምግብ

tallarines

ፓስታ

arroz

ሩዝ

ensalada

ሰላጣ

papas fritas

የድንች ጥብ▉

papas fritas

ድንች ጥብ▉

pizza

ፒዛ

hamburguesa

ዳቦ ዉስጥ በስሱ ተጠብ▉የገባ
ስጋ

sándwich

ሳንድዊች

churrasco

ጥሬ ስጋ

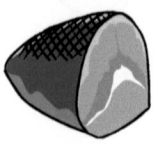

jamón

የአሳማ ስጋ

salame

በቅመምና በጨዉ የታሸ ምግብ▉
ቀዝቀዞ የሚበላ ሾርባ ምግብ▉

salchicha

ቋሊማ

pollo

ዶሮ

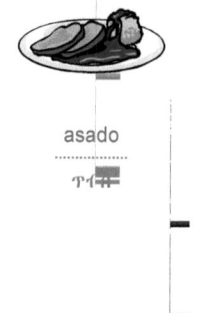

asado

ጥብ▉

pescado

አሳ

copos de avena

የአጃ ገንፎ

muesli

ከወተት ጋር ተደባልቀዉ የሚበሉ
ምግቦች

copos de maíz

የበቆሎ ቅርፊት

harina

ዱቄት

medialuna

ኩራሳ

pancito

ድብልብል ዳቦ

pan

ዳቦ

tostada

መጥበስ

galletitas

ብስኩት

manteca

ቅቤ

cuajada

እርጎ

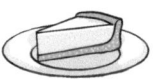

torta

ኬክ

huevo

እንቁላል

huevo frito

እንቁላል ጥብስ

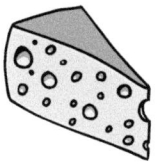

queso

አይብ

helado

....

የበረዶ ክሬም

azúcar

....

ስኳር

miel

....

ማር

mermelada

....

ማርማላት

pasta de chocolate

....

የተናጠ የወተት ክሬም

curry

....

ማጣፈጫ

granja

granja
የገበሬ ቤት
granero
የእህልና የከብት ማቀመጫ ቤት
fardo de paja
የጭድ ክምር
campo
ሜዳ
caballo
ፈረስ
remolque
ተሳቢ መኪና
tractor
የእርሻ መኪና
potrillo
የፈረስ ውርንጭላ
burro
አህያ
oveja
በግ
cordero
የበግ ጠቦት

cabra

ፍየል

vaca

ላም

ternero

ጥጃ

cerdo

አሳማ

lechón

ግልገል አሳማ

toro

ኮርማ

granja - እርሻ 27

ganso

ዝይ

pato

ዳክዬ

pollo

የዶሮ ጫጩት

gallina

ዶር

gallo

አዉራ ዶሮ

rata

አይጥ

gato

ደድመት

ratón

አይጥ

buey

በሬ

perro

ዉሻ

cucha

የዉሻ ቤት

manguera

የአትክልት ቦታ

regadera

ዉሃ ማጠጫ ባልዲ

guadaña

ረጅም ማጭድ

arado

ማረሻ

hoz

ማጭድ

azada

መኮትኮቻ

horquilla

የእህል መንሽ

hacha

መጥረቢያ

carretilla

ኩርኩር/ የእጅ ጋሪ

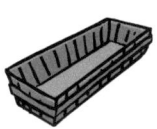

abrevadero

ገንዳ

lechera

የወተት ዕቃ

bolsa

ጆንያ ከረጢት

reja

አጥር

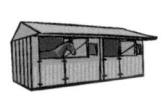

establo

የፈረስ ጋጣ

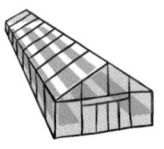

invernadero

ዕፅዋት ማሳደጊያ የመስታዉት ቤት

suelo

አፈር

semilla

ዘር

fertilizador

የመሬት ማዳበሪያ

cosechadora

ጥምር ማረሻ

cosechar

አዝመራ መሰብሰብ

cosecha

አዝመራ

batatas

ድንች

trigo

ስንዴ

soja

ሶያ

papa

ድንች

maíz

በቆሎ

semilla de colza

የከብት መኖ

árbol frutal

የፍሬ ዛፍ

mandioca

የካሳቫ ዛፍ

cereales

እህል

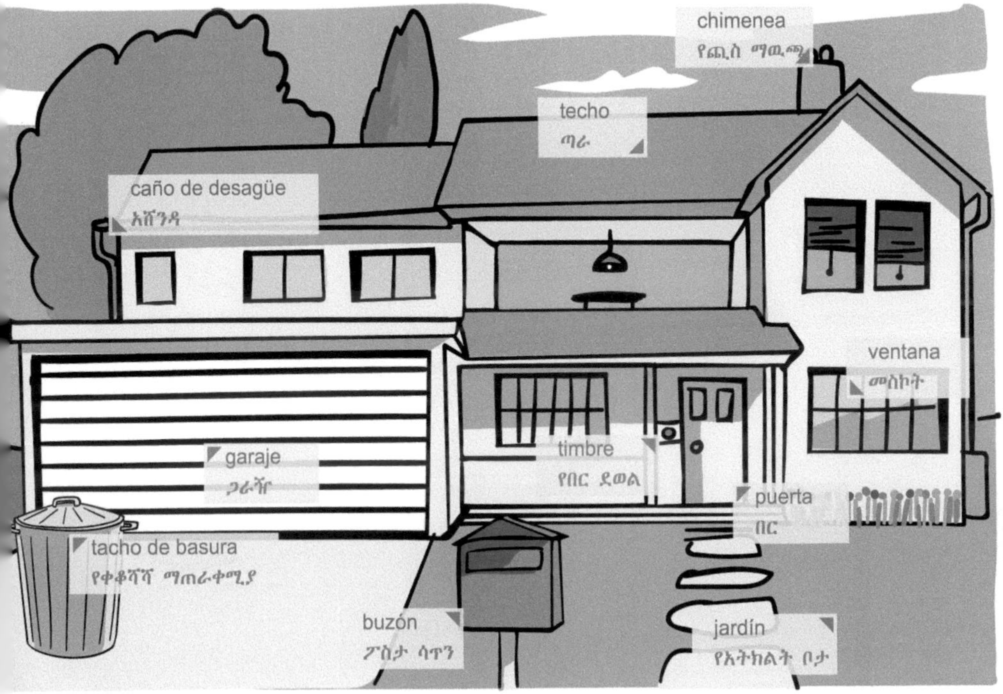

chimenea
የጪስ ማዉጫ

techo
ጣሪ

caño de desagüe
አሽንዳ

ventana
መስኮት

garaje
ጋራዥ

timbre
የበር ደወል

puerta
በር

tacho de basura
የቀቆሻሻ ማጠራቀሚያ

buzón
ፖስታ ሳጥን

jardín
የአትክልት ቦታ

living
ሳሎን

baño
መታጠቢያ ቤት

cocina
ማድቤት

dormitorio
መኝታ ቤት

cuarto de los chicos
የልጅ ክፍል

comedor
መመገቢያ ክፍል

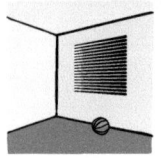

piso

ወለል

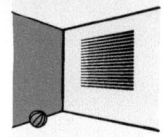

pared

ግድግዳ

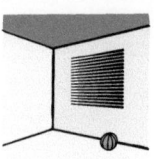

cielorraso

ጣሪያ

sótano

ምድር ቤት

sauna

በእንፋሎት ሙቀት መታጠቢያ ቤት

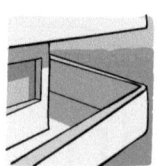

balcón

ሰገነት

terraza

ከፍ ያለ መደብ

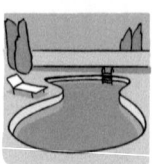

pileta

የመዋኛ ገንዳ

cortadora de pasto

የማጨጃ መኪና

sábana

አንሶላ

acolchado

የአልጋ ልብስ

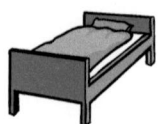

cama

አልጋ

escoba

መጥረጊያ

balde

ባልዲ

interruptor

ማብሪያና ማጥፊያ

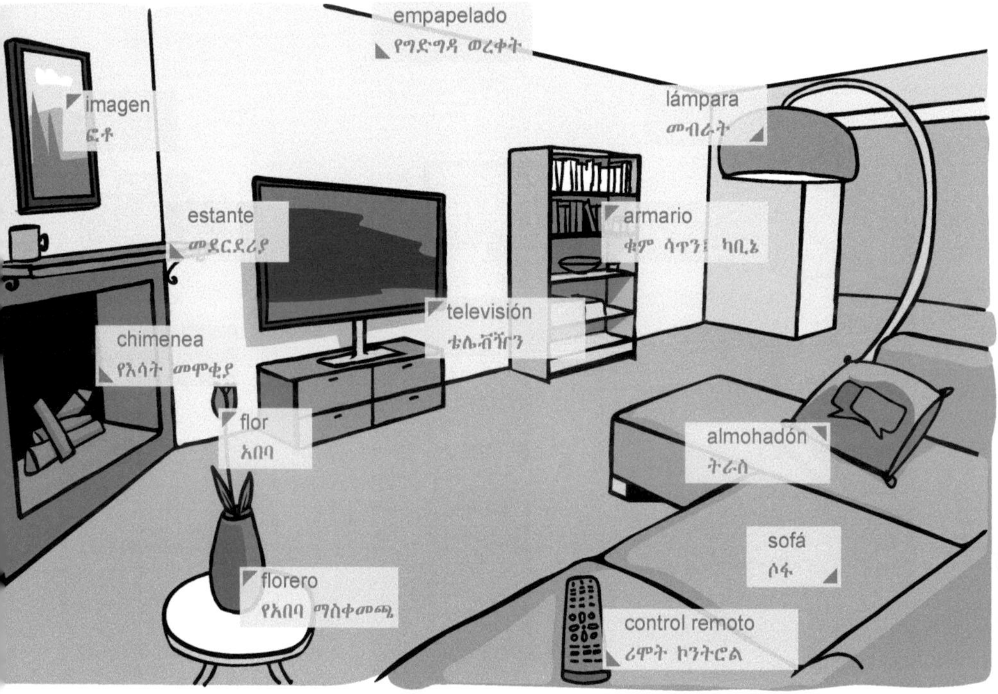

empapelado
የግድግዳ ወረቀት

imagen
ፎቶ

lámpara
መብራት

estante
መደርደሪያ

armario
ቁም ሳጥን፣ ካቢኔ

chimenea
የእሳት መሞቂያ

televisión
ቴሌቪዥን

flor
አበባ

almohadón
ትራስ

florero
የአበባ ማስቀመጫ

sofá
ሶፋ

control remoto
ሪሞት ኮንትሮል

alfombra
....
ንጣፍ

cortina
....
መጋረጃ

mesa
....
ጠረጴዛ

silla
....
ወንበር

mecedora
....
ተወዛዋዥ ወንበር

sillón
....
ባለመደገፊያ ወንበር

libro

መጽሐፍ

frazada

ብርድ ልብስ

decoración

ጌጥ

leña

ማገዶ

película

ፊልም

equipo de música

የሙዚቃ መሣሪያዎች

llave

ቁልፍ

diario

ጋዜጣ

pintura

ስዕል

póster

የተለጠፈ ማስታወቂያ እንደ ስዕል

radio

ራዲዮ

cuaderno

ማስታወሻ ደብተር

aspiradora

የአየር ማፅጃ ለምንጣፍ

cactus

ቁልቋል

vela

ሻማ

cocina

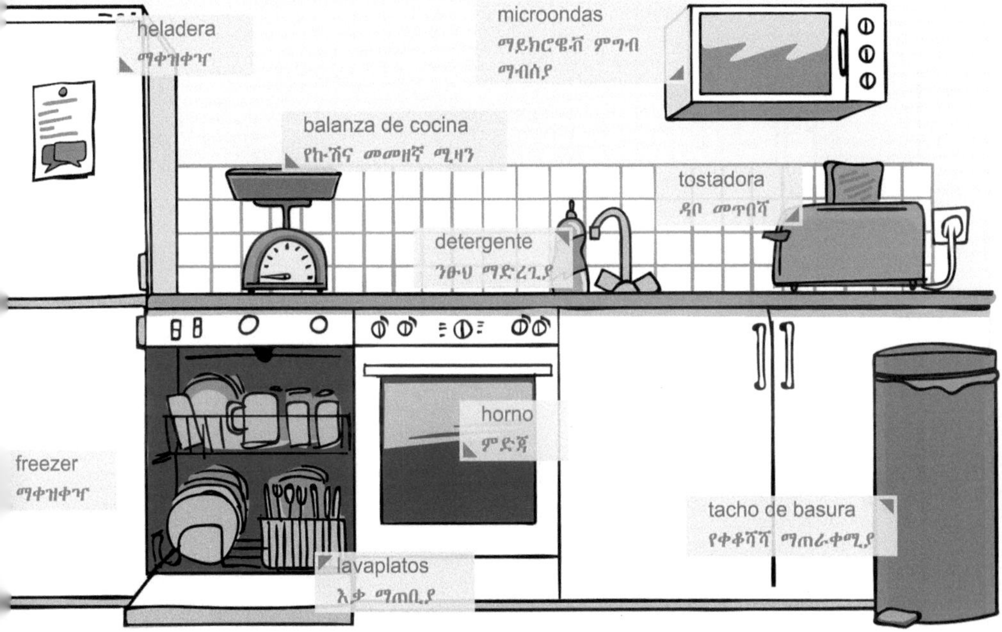

heladera
ማቀዝቀዣ
microondas
ማይክሮዌቭ ምግብ ማብሰያ
balanza de cocina
የኩሽና መመዘኛ ሚዛን
tostadora
ዳቦ መጥበሻ
detergente
ንፁህ ማድረጊያ
horno
ምድጃ
freezer
ማቀዝቀዣ
tacho de basura
የቆሻሻ ማጠራቀሚያ
lavaplatos
እቃ ማጠቢያ

cocina

ምግብ አብሳይ

olla

ማሰሮ

olla de hierro fundido

የብረት ማሰሮ

wok

ምግብ ማብሰያ ዝርግ ድስት

sartén

የምግብ መጥበሻ

pava

ማንቆርቆሪያ

cocina - ማድቤት

vaporera

የእንፋሎት ማብሰያ

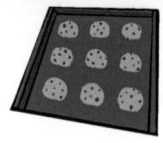

bandeja de horno

የመጋገሪያ ትሪ

vajilla

ሰብስቦች

taza

ትልቅ ኩባያ

bol

ጎድጓዳ ሳህን

palitos

ቾፕስቲክስ

cucharón

ጭልፋ

estpátula

መሰቅሰቂያ ዝርግ ማንኪያ

batidora

ማደባለቂያ

colador

መወጠሪያ

colador

ወንፊት

rallador

መፈርፈሪያ መሳሪያ

mortero

ሲሚንቶ

parrilla

የፍም ጥብስ

fogata

የተለቀቀ እሳት

tabla de picar

መክተፊያ

palo de amasar

ተንሸራታች መርፌ

sacacorchos

የጠርሙስ መክፈቻ

lata

ጣሳ

abrelatas

የጣሳ መክፈቻ

manopla

የማሰሮ መሸፈኛ

pileta

ሳህን ማጠቢያ

cepillo

ብሩሽ

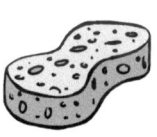

esponja

ስፖንጅ

batidora

መደባለቂያ መሳሪያ

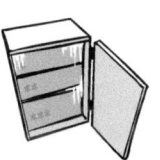

congelador

በጣም ማቀዝቀዣ

mamadera

ጡጦ

canilla

ቧንቧ

baño

መታጠቢያ ቤት

calefacción
ማሞቂያ
ducha
መታጠቢያ
toalla
ፎጣ
cortina de ducha
የመታጠቢያ ቤት መጋረጃ
baño de espuma
የአረፋ መታጠቢያ
bañadera
የመታጠቢያ ገንዳ
vaso
ብርጭቆ
lavarropas
የልብስ ማጠቢያ
canilla
ቧንቧ
baldosas
ማዕዘን ወለል
pelela
pileta
ሳህን ማጠቢያ

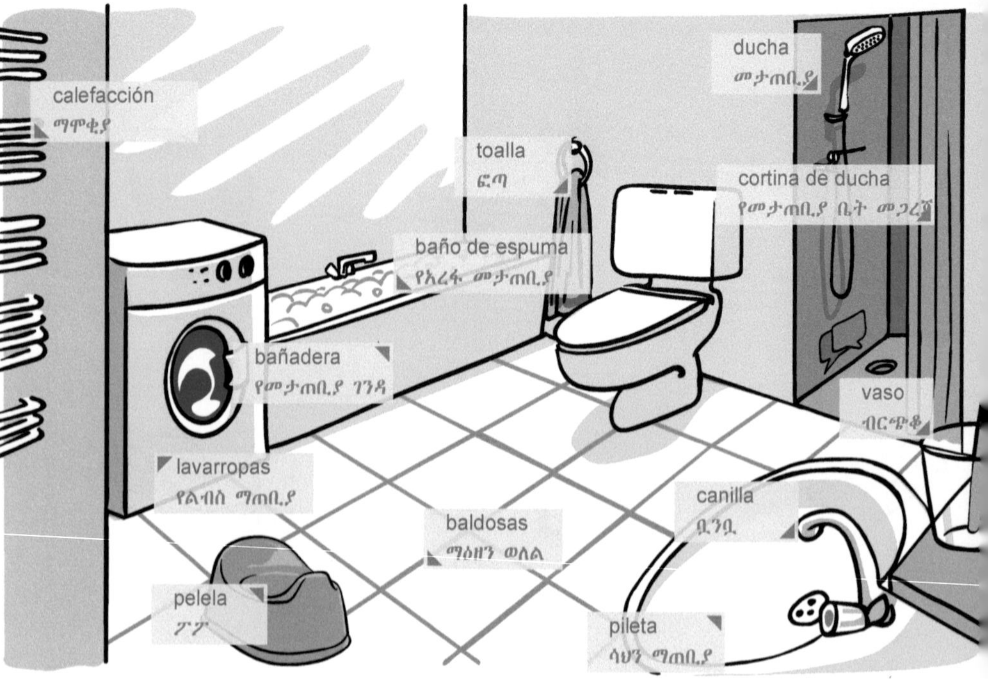

inodoro

ሽንት ቤት

letrina

የሽንት ቤት መቀመጫ

bidé

ሳፋ

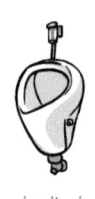

mingitorio

የመንገ ዳር መሽኛ

papel higiénico

የሽንት ቤት ወረቀት

cepillo para el inodoro

የሽንት ቤት ማፅጃ ብሩሽ

cepillo de dientes

የጥርስ ብሩሽ

dentífrico

የጥርስ ሳሙና

hilo dental

የጥርስ ማፅጃ ክር

lavar

መታጠብ

ducha de mano

የእጅ መታጠቢያ

ducha higiénica

መታጠቢያ

palangana

ጎድጓዳ ሳህን

cepillo para espalda

የጀርባ ብሩሽ

jabón

ሳሙና

gel de ducha

መታጠቢያ የሚዝለገለግ ሳሙና

shampoo

የፀጉር መታጠቢያ ሳሙና

toallita

ለስላሳ ጨርቅ

desagüe

ፍሳሽ

crema

ክሬም

desodorante

ጠረን መቀየሪያ ንጥረ ነገር

espejo

መስታወት

espejito

የእጅ መስታወት

maquinita de afeitar

ምላጭ

espuma de afeitar

የመላጫ አረፋ

aftershave

ከመላጨት በኋላ የሚቀባ ሽቱ

peine

ማበጠሪያ

cepillo

ብሩሽ

secador de pelo

የፀጉር ማድረቂያ

spray

በፀጉር ላይ የሚነፋ

maquillaje

የፊት መቀባቢያ

lápiz de labios

የከንፈር ቀለም

esmalte para uñas

የጥፍር ቀለም

algodón

የጥጥ ሱፍ

tijera para uñas

ጥፍር መቁረጫ

perfume

ሽቶ

portacosméticos

ማጠቢያ ባልዲ

banqueta

መቀመጫ

balanza

ሚዛን

bata

የመታጠቢያ ልብስ

guantes de goma

የላስቲክ ጓንት

tampón

ሞዴስ

toallita femenina

የፅዳት ፎጣ

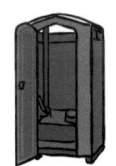

baño químico

የሽንት ቤት ኬሚካል

cuarto de los chicos

የልጅ ክፍል

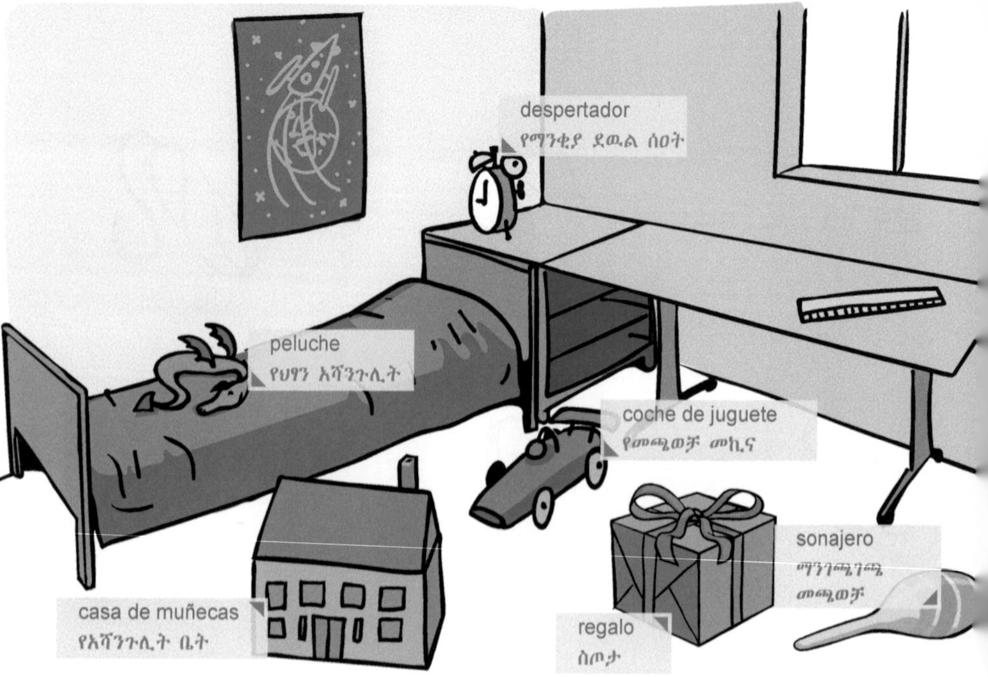

despertador
የማንቂያ ደዉል ሰዐት
peluche
የህፃን አሻንጉሊት
coche de juguete
የመጫወቻ መኪና
casa de muñecas
የአሻንጉሊት ቤት
sonajero
ማንገጫገጫ
መጫወቻ
regalo
ስጦታ

globo

ፊኛ

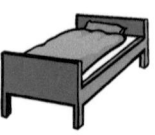

cama

አልጋ

cochecito

የህፃን ማንሸራሸሪያ ጋሪ

cartas

የካርታ መጫወቻ

rompecabezas

ቁርጥራጭ ምስሎችን የማገጣጠም
እና ምስል የማግኘት ጨዋታ

historieta

አዝናኝ

piezas de lego

ተገጣጣሚ መጫወቻ

ladrillos de juguete

የመጫወቻ መገጣጠሚያዎች

figura de acción

የድርጊት ምስል

enterito (de bebé)

የህፃን እድገት

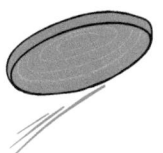

frisbee

የፕላስቲክ መጫወቻ ዝርግ ሰሀን

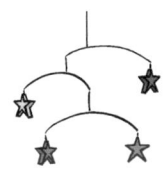

móvil para bebés

ተወዛዋዥ የህፃን ማጫወቻ

juego de mesa

የሰሌዳ ጨዋታ

dados

የመጫወቻ ጠጠር

tren eléctrico

የመጫወቻ ባቡር

chupete

የእንጀራ እናት ጡጦ

fiesta

ድግስ

libro de cuentos ilustrado

የስዕል መፅሀፍ

pelota

ኳስ

muñeca

አሻንጉሊት

jugar

መጫወት

arenero

አሸዋ መጫወቻ

hamaca

ዋ ዌ

juguetes

መጫወቻዎች

consola de videojuegos

ቪዲዮ መጫወቻ

triciclo

ባለ ሶስት ጎማ ብስክሌት

osito de peluche

አሻንጉሊት ድብ

armario

ቁምሳጥን

ropa

አልባሳት

medias

ካልሲዎች

medias panty

ስ ኪንጎች

calzas

ታይት

bufanda
የአንገት ልብስ

paraguas

remera
ናቴራ

cinturón
ቀበቶ

zapatillas
ስኒ ሮች

botas
ቦቲ

pantuflas
የቤት ዉስጥ ነጠላ
ጫማ

sandalias

ነጠላ ጫማዎች

zapatos

ጫማዎች

botas de goma

የዝናብ ቡትስ

ropa interior

ሙታንታ

corpiño

ጡት መያዣ

chaleco

ሰደርያ

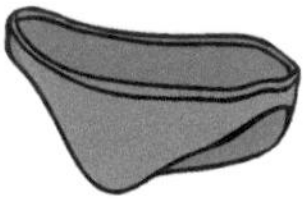

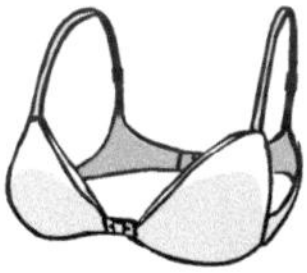

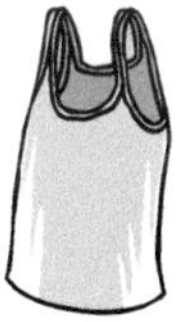

body

ሰዉነት

pantalones

ሱሪዎች

jeans

ጅንስ

pollera

ጉርድ ቀሚስ

blusa

ሸሚዝ

camisa

ሸሚዝ

pulóver

የሚጠለቅ ሹራብ

buzo

ሹራብ

blazer

ዩኒፎርም ጃኬት

campera

ጃኬት

tapado

ኮት

piloto

የዝናብ ኮት

traje

ልብስ

vestido

ቀሚስ

vestido de novia

የሙሽራ ቀሚስ

traje

ሱፍ

camisón

የለሊት ልብስ

pijama

የለሊት ልብስ

sari

ረጅም ቀሚስ

pañuelo para cabeza

ሂጃብ

turbante

ጥምጣም

burka

ቡርቃ

caftán

ሽርጥ

abaya

አባያ

traje de baño

የዋና ልብስ

short de baño

አጭር ቁምጣ

shorts

ቁምጣዎች

jogging

የስራ ቱታ

delantal

ሽርጥ

guantes

ጓንት

botón

ቁልፍ

anteojos

መነፅር

pulsera

አምባር

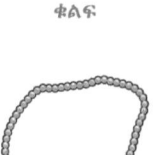

collar

የአንገት ሀብል

anillo

ቀለበት

aro

የጆሮ ጌጥ

gorra

ኮፍያ

percha

የኮት መስቀያ

sombrero

ኮፍያ

corbata

ከረቫት

cierre

ዚፕ

casco

የብረት ቆብ

tiradores

መደገፊያ

uniforme escolar

የትምህርት ቤት የደንብ ልብስ

uniforme

የደንብ ልብስ

babero

መሃረብ

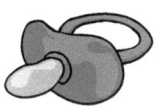

chupete

የእንጀራ እናት ጡጦ

pañal

ሽንት ጨርቅ

oficina

ቢሮ

servidor
ማሰራጫ ጣቢያ
archivero
የፋይል መደርደሪያ ካቢኔ
impresora
የህትመት መሳሪያ
papel
ወረቀት
monitor
መቆጣጠሪያ
mouse
ማዉዝ
escritorio
መፃፊያ ጠረጴዛ
carpeta
ማህደር
teclado
የመፃፊ ቁልፎች
tacho (de basura)
የቆሻሻ ወረቀት መጣያ ቅርጫት
computadora
ኮምፒዉተር
silla
ወንበር

taza de café

የቡና መጠጫ ትልቅ ኩባያ

calculadora

ማስልያ ማሽን

internet

ኢንተርኔት

laptop

ላፕቶፕ

carta

ደብዳቤ

mensaje

መልዕክት

celular

ተንቀሳቃሽ ስልክ

red

የግንኙነት አዉታር

fotocopiadora

ማባዣ ማሽን

software

ሶፍትዌር

teléfono

ስልክ

tomacorriente

የግድግዳ ሶኬት

fax

የፋክስ ማሽን

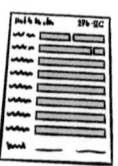

formulario

ቅፅ

documento

ሰነድ

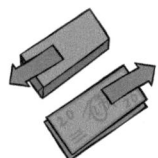

economía

ኢኮኖሚ

comprar

መግዛት

pagar

መክፈል

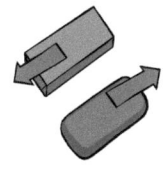

hacer negocios

መነገድ

dinero

ገንዘብ

dólar

ዶላር

euro

ዩሮ

yen

የን

rublo

ሩብል

franco suizo

የስዊዝ ፍራንክ

yuan

ሬንሚንቢ ዩዋን

rupia

ሩጲ

cajero automático

የገንዘብ ነጥብ

casa de cambio

የዉጭ ገንዘብ ምንዛሪ ቢሮ

oro

ወርቅ

plata

ብር

petróleo

ዘይት

energía

ሀይል፤ ጉልበት

precio

ዋጋ

contrato

ግንኙነት

impuesto

ቀረጥ

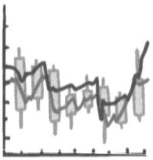

acción

አክስዮን

trabajar

መስራት

empleado

ተቀጣሪ

empleador

ቀጣሪ

fábrica

ፋብሪካ

negocio

ሱቅ

ocupaciones
የስራ ሙያዎች

policía
የፖሊስ አዛዥ
bombero
የእሳት አደጋ ሰራተኛ
cocinero
ምግብ አብሳይ
médico
ዶክተር
piloto
አብራሪ

jardinero

አትክልተኛ

carpintero

አናጢ

modista

ልብስ ሰፊ ሴት

juez

ዳኛ

farmacéutico

ቀማሚ

actor

ተዋናይ

colectivero

የአዉቶቢስ ሹፌር

taxista

የታክሲ ሹፌር

pescador

አሳ አጥማጅ

mucama

ፅዳት ሰራተኛ

techista

የጣራ ሰራተኛ

mozo

አስተናጋጅ

cazador

አዳኝ

pintor

ሰዓሊ

panadero

ጋጋሪ

electricista

የኤሌትሪክ ሰራተኛ

albañil

ገምቢ

ingeniero

መሃንዲስ

carnicero

ልኳንዳ

plomero

የቧንቧ ሰራተኛ

cartero

የፖስታ ሰራተኛ

soldado

ወታደር

arquitecto

መሃንዲስ

cajero

የሒሳብ ሰራተኛ

florista

አበባ ሻጭ

peluquero

የፀጉር ሰራተኛ

cobrador

ቲኬት ቆራጭ

mecánico

መካኒክ

capitán

ካፒቴን

dentista

የጥርስ ሐኪም

científico

ተመራማሪ

rabino

መምህር

imán

የሙስሊም ሃይማኖታዊ መሪ

monje

መነኩሴ

sacerdote

ካህን

herramientas

መሳሪያዎች

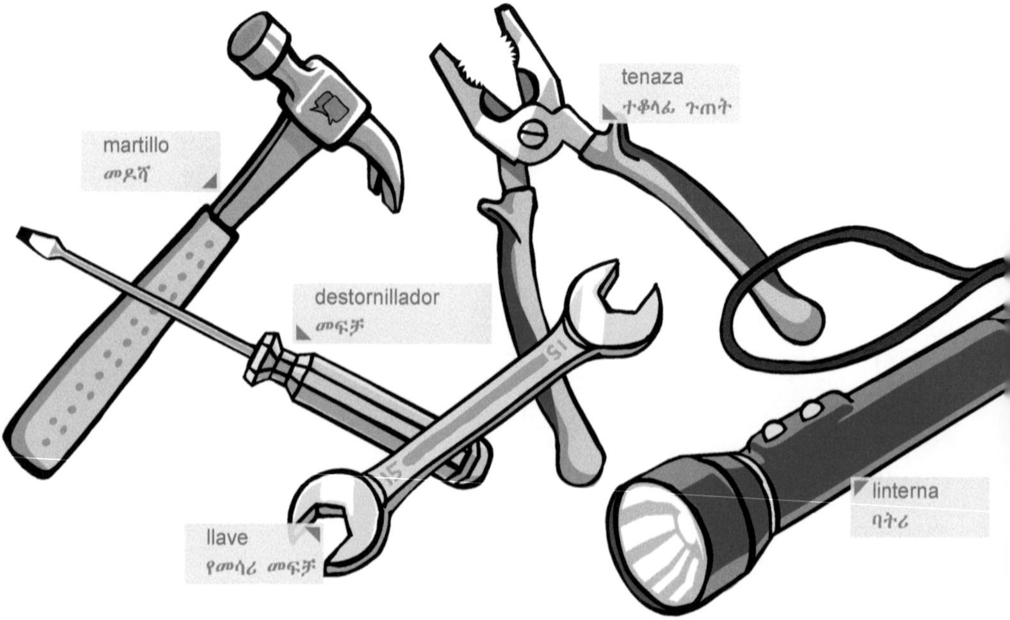

martillo
መዶሻ
tenaza
ተቆላፊ ጉጠት
destornillador
መፍቻ
llave
የመሳሪ መፍቻ
linterna
ባትሪ

excavadora

በቁፋሮ የሚዝቅ

caja de herramientas

የመፍቻ ሳጥን

escalera portátil

መሰላል

sierra

መጋዝ

clavos

ምስማር

taladro

መሰርሰሪያ

arreglar

መጠገን

pala de jardín

አካፋ

¡Qué bronca!

የተረገመ!

pala de plástico

ቆሻሻ ማፈሻ

tacho de pintura

የቀለም ቆርቆሮ

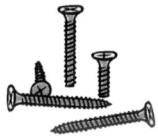

tornillos

ብሎን

instrumentos musicales

የሙዚቃ መሳሪያዎች

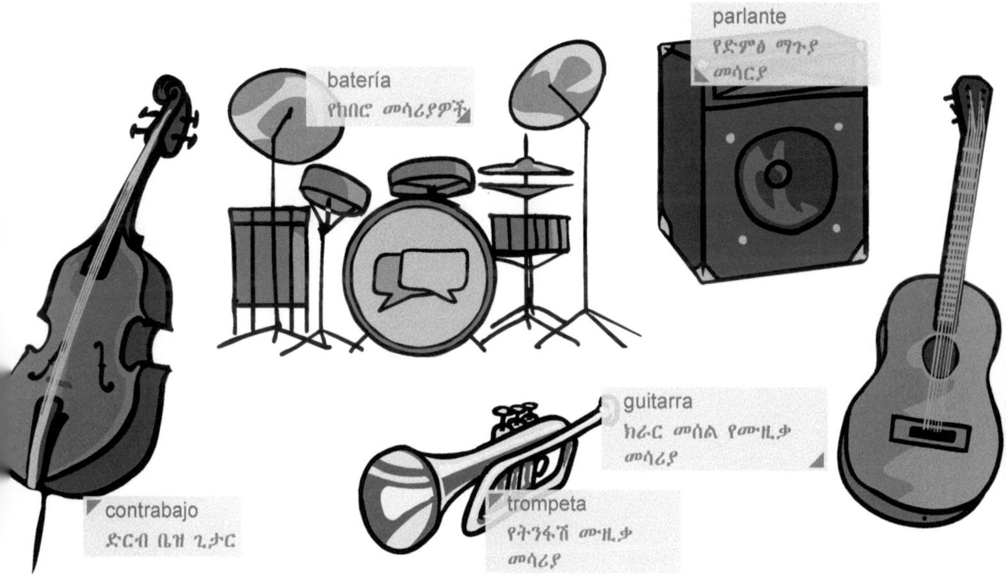

parlante
የድምፅ ማጉያ መሳርያ

batería
የከበሮ መሳሪያዎች

guitarra
ክራር መሰል የሙዚቃ መሳሪያ

contrabajo
ድርብ ቤዝ ጊታር

trompeta
የትንፋሽ ሙዚቃ መሳሪያ

piano

ፒያኖ

violín

ቫዮሊን

bajo

ወፍራም፤ጎርናና ድምፅ ያለዉ ክራር መሰል ሙዚቃ መሳሪያ

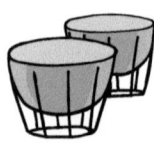

timbales

ነጋሪት

tambor

ከበሮ

teclado

በኤሌክትሪክ የሚሰራ ፒያኖ

saxofón

የትንፋሽ ሙዚቃ መሳሪያ

flauta

ዋሽንት

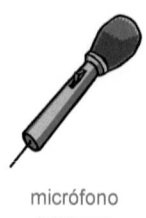

micrófono

የድምፅ ማጉያ

zoológico

የደር እንስሳት ማቆያ

tigre
ነብር
entrada
መግቢያ
jaula
ሳጥን
cebra
የሜዳ አህያ
alimento para animales
የእንስሳ ምግብ
oso panda
ትልቅ ድብ

animales

እንስሳቶች

elefante

ዝሆን

canguro

ካንጋሮ

rinoceronte

አዉራሪስ

gorila

ትልቅ ዝንጀሮ

oso

ድብ

camello

ግመል

avestruz

ሰጎን

león

አንበሳ

mono

ጦጣ

flamenco

ቅልጥመ ረዥም ወፍ

loro

በቀቀን

oso polar

የወዋልታ ድብ

pingüino

የዋልታ ወፎች

tiburón

ረጅም ጥርሶች ያሉትአሳ ነባሪ

pavo real

ጣዎስ

serpiente

እባብ

cocodrilo

አዞ

cuidador del zoológico

የዱር አራዊት የሚጠበቁበት ማቆያን የሚጠብቅ

foca

አሳ በሊታ የባህር እንስሳ

jaguar

የዱር ድመት

poni

ድንክ ፈረስ

leopardo

ነብር

hipopótamo

ጉማሬ

jirafa

ቀጭኔ

águila

ንስር

jabalí

ከርከሮ

pescado

አሳ

tortuga

የባህር ኤሊ

morsa

የባህር አዉሬ

zorro

ቀበሮ

gacela

የሜዳ ፍየል፤ሚዳቋ

deportes
የስፖርት አይነቶች

fútbol americano
የአሜሪካ እግርኳስ
ciclismo
የብስክሌት ስፖርት
tenis
ቴኒስ
básquet
የቅርጫት ኳስ
natación
ዋና
boxeo
የቡጢ ስፖርት
hockey sobre hielo
የበረዶ ላይ የገና ጨዋታ

fútbol

እግር ኳስ

bádminton

የላበ ኳስ ጨዋታ

atletismo

አትሌቲክስ

handball

የእጅ ኳስ ስፖርት

esquí

የበረዶ መንሸራተት ስፖርት

polo

ፈረስ ግልቢያ

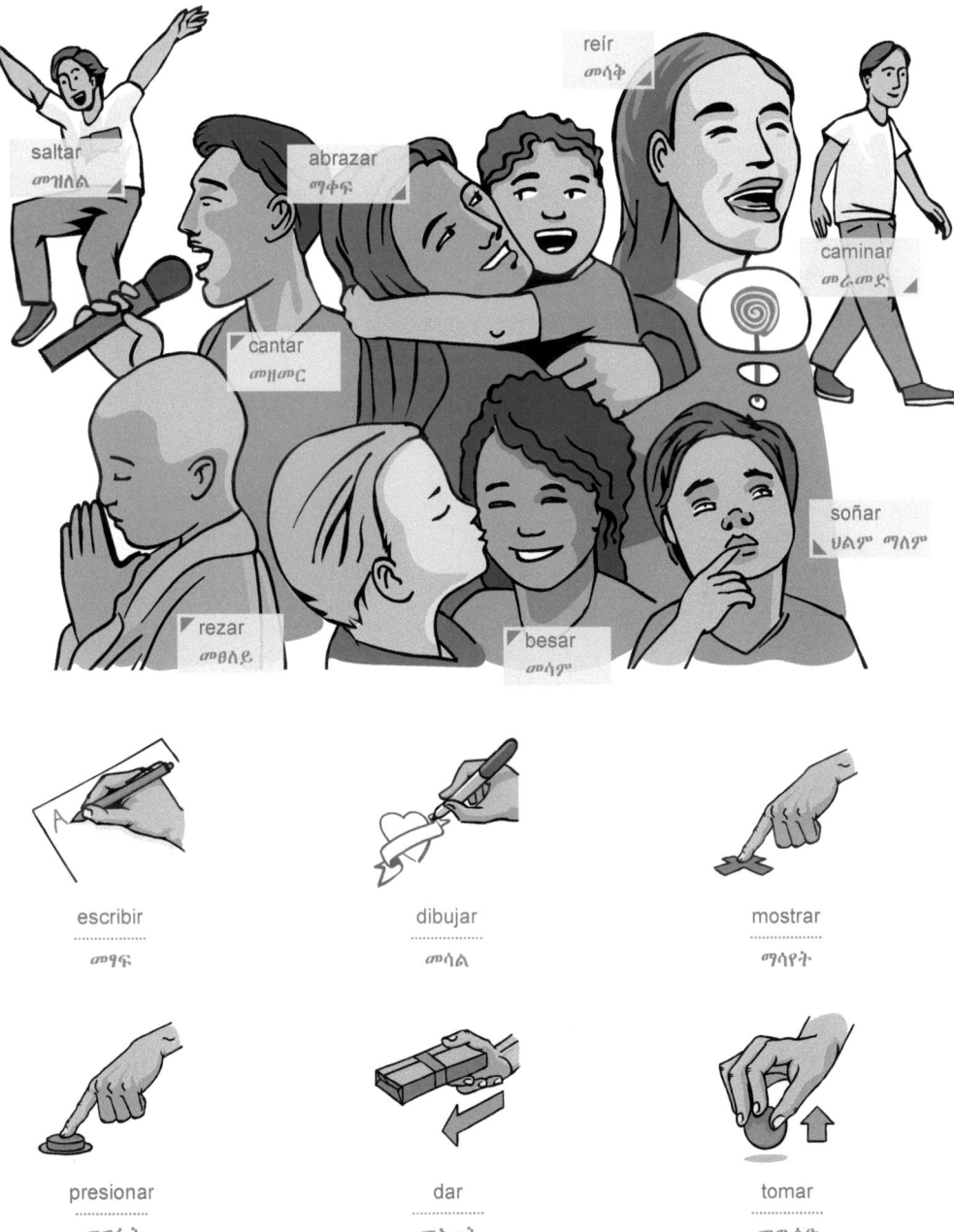

actividades

እንቅስቃሴዎች

reír
መሳቅ
saltar
መዝለል
abrazar
ማቀፍ
caminar
መራመድ
cantar
መዘመር
soñar
ህልም ማለም
rezar
መፀለይ
besar
መሳም

escribir

መፃፍ

dibujar

መሳል

mostrar

ማሳየት

presionar

መግፋት

dar

መስጠት

tomar

መዉሰድ

tener

መያዝ

hacer

ማድረግ

ser

መሆን

estar parado

መቆም

correr

መሮጥ

tirar

መሳብ

tirar

መወርወር

caer

መዉደቅ

estar acostado

መዋሸት

esperar

መጠበቅ

llevar

መሸከም

estar sentado

መቀመጥ

vestirse

መልበስ

dormir

መተኛት

despertar

መንቃት

mirar

መመልከት

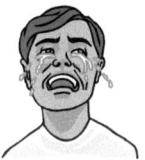

llorar

ማለልቀስ

acariciar

መጫር

peinar

ማበጠር

hablar

ማዉራት

entender

መረዳት

preguntar

ጥያቄ

escuchar

ማዳመጥ

beber

መጠጣት

comer

መብላት

ordenar

ማንፃት

amar

ማፍቀር

cocinar

ምግብ ማብሰል

manejar

መንዳት

volar

መብረር

navegar

መርከብ መንዳት

calcular

ቁጥሮችን ማስላት

leer

ማንበብ

aprender

መማር

trabajar

መስራት

casarse

ማግባት

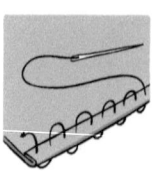

coser

መስፋት

cepillarse los dientes

ጥርስ መቦረሽ

matar

መግደል

fumar

ማጨስ

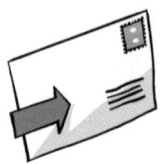

enviar

መላክ

familia

ቤተሰብ

abuela
የሴት አያት
abuelo
የወንድ አያት
padre
አባት
madre
እናት
bebé
ህፃን
hija
ሴት ልጅ
hijo
ወንድ ልጅ

invitado

እንግዳ

tía

አክስት

tío

አጎት

hermano

ወንድም

hermana

እህት

cuerpo

አካል

frente
ግንባር
ojo
አይን
hombro
dedo
ጣት
cara
ፊት
pera
አገጭ
mano
እጅ
pecho
ጡት
pierna
እግር
brazo
ክንድ

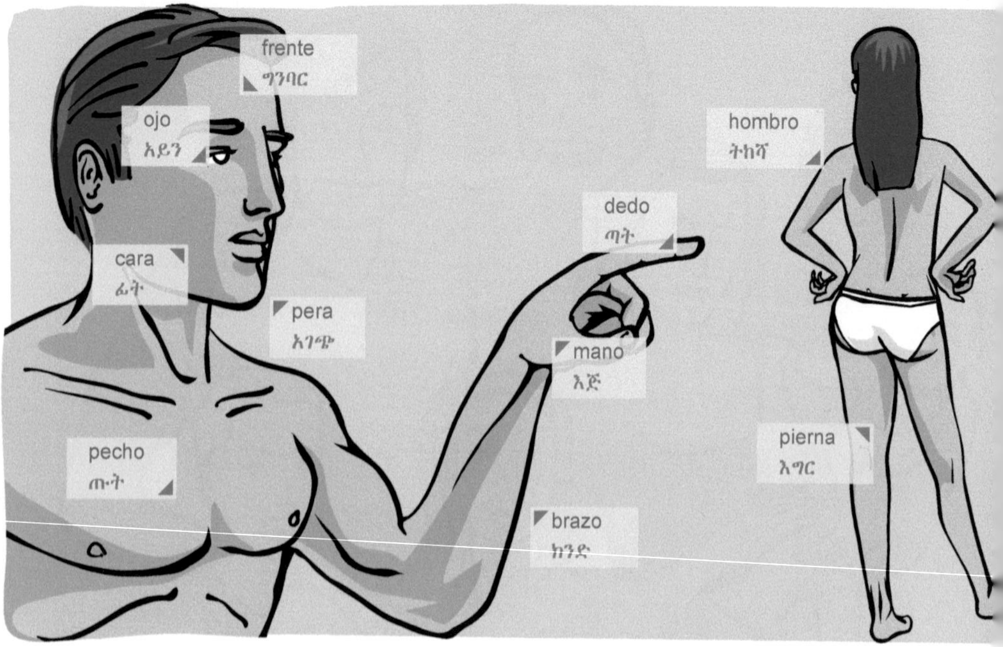

bebé

ህፃን

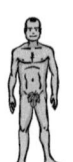

hombre

ሰዉ

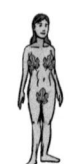

mujer

ሴት

nena

ልጃገረድ

nene

ወንድ ልጅ

cabeza

ራስ

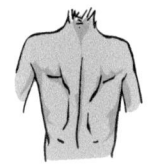

espalda

ጀርባ

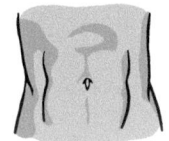

panza

ሆድ

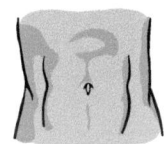

ombligo

እምብርት

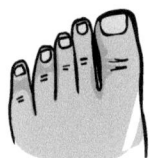

dedo del pie

የእግር ጣት

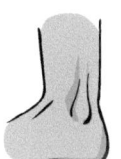

talón

ተረከዝ

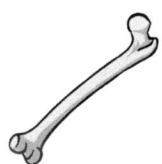

hueso

አጥንት

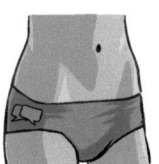

cadera

ዳሌ

rodilla

ጉልበት

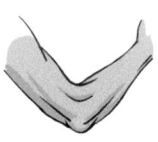

codo

ክርን

nariz

አፍንጫ

cola

ቂጥ

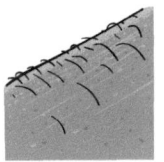

piel

ቆዳ

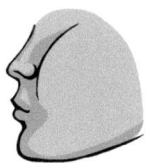

cachete

ጉንጭ

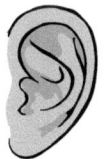

oreja

ጆሮ

labio

ከንፈር

boca

አፍ

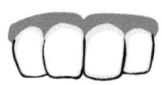

diente

ጥርስ

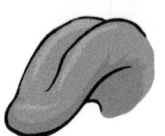

lengua

ምላስ

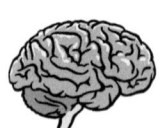

cerebro

አንጎል

corazón

ልብ

músculo

ጡንቻ

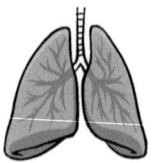

pulmón

ሳምባ

hígado

ጉበት

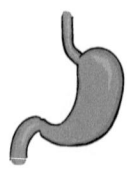

estómago

ሆድ

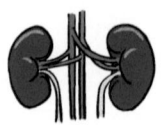

riñones

ኩላሊቶች

sexo

የግብረስጋ ግንኙነት

preservativo

ኮንዶም

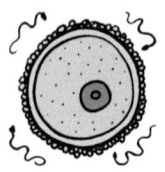

óvulo

የሴት እንቁላል

semen

የዘር ፈሳሽ

embarazo

እርግዝና

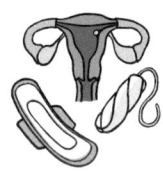

menstruación

የወር አበባ

vagina

እምስ

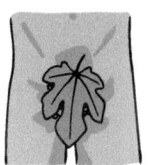

pene

ቁላ

ceja

ቅንድብ

pelo

ፀጉር

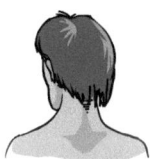

cuello

አንገት

hospital

ሆስፒታል

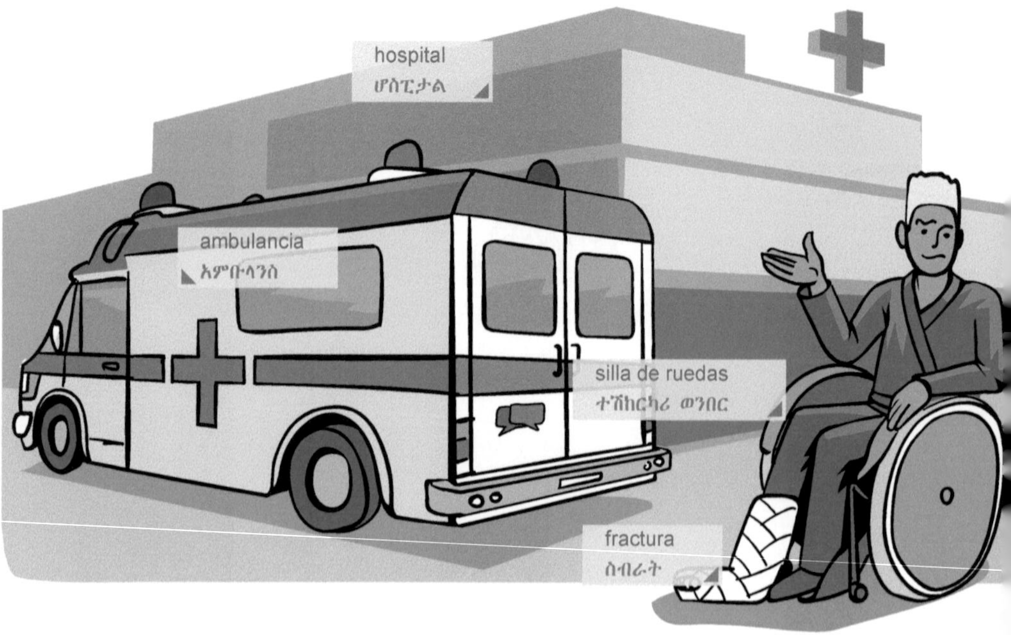

hospital
ሆስፒታል
ambulancia
አምቡላንስ
silla de ruedas
ተሽከርካሪ ወንበር
fractura
ስብራት

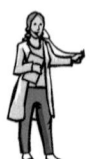

médico

ዶክተር

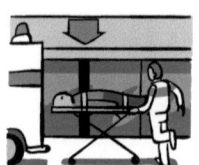

sala de guardia

ድንገተኛ ክፍል

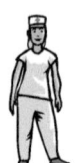

enfermera

ነርስ

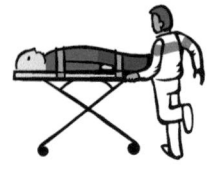

emergencia

ድንገተኛ

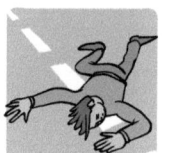

inconsciente

ራስን መሳት/ አለማወቅ

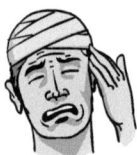

dolor

ህመም

lesión

ጉዳት

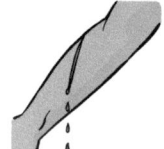

hemorragia

መድማት

infarto

የልብ ድካም

ACV

ስትሮክ

alergia

አለርጂ

tos

ሳል

fiebre

ትኩሳት

gripe

ኢንፍሎዌንዛ

diarrea

ተቅማጥ

dolor de cabeza

የራስ ምታት

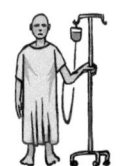

cáncer

ካንሰር

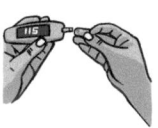

diabetes

የስኳር በሽታ

cirujano

ቀዶ ጠጋኝ ሐኪም

bisturí

የቀዶ ጥገና ስለት

operación

ቀዶ ጥገና

TC

ሲቲ

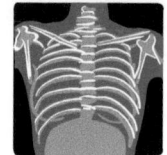

rayos x

ኤክስሬዩ

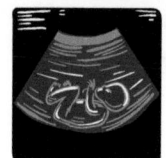

ecografía

አልትራሳዉንድ

barbijo

የፊት ጭምብል

enfermedad

በሽታ

sala de espera

መጠበቂያ ክፍል

muleta

ምርኩዝ

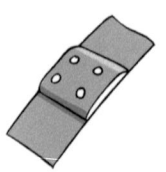

curita

የቁስል ማሸጊያ

venda

ፋሻ

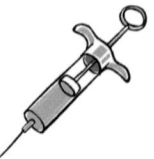

inyección

መርፌ

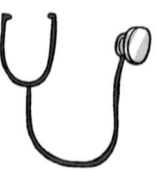

estetoscopio

የልብ ምት ማዳመጫ መሳሪያ

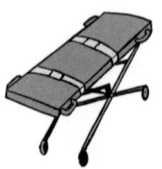

camilla

የበሽተኛ አልጋ

termómetro

የህክምና ሙቀት መለኪያ መሳሪያ

nacimiento

መውለድ

sobrepeso

ክልክ ያለፈ ክብደት

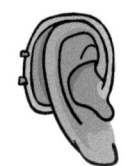

audífono

ለመስማት የሚረዳ መሳሪያ

desinfectante

ፀረ ተባይ መድሀኒት

infección

ማመርቀዝ

virus

ቫይረስ

VIH / SIDA

ኤች አይቪ ኤድስ

remedio

ህክምና

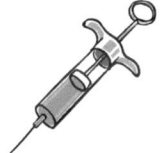

vacunación

ክትባት

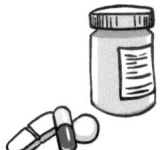

comprimidos

ኪኒን

pastilla anticonceptiva

ኪኒን

llamada de emergencia

አስቸኳይ የስልክ ጥሪ

tensiómetro

ደም ግፊት መቆጣጠሪያ

enfermo / sano

ህመም/ ጤንነት

emergencia
ድንገተኛ

¡Ayuda!

እርዳታ!

alarma

ማንቂያ ደዉል

agresión

ጥቃት

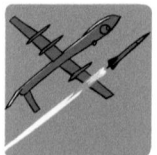

ataque

ድብደባ

peligro

አደጋ

salida de emergencia

የድንገተኛ መዉጫ

¡Fuego!

እሳት!

matafuego

እሳት ማጥፊያ

accidente

አደጋ

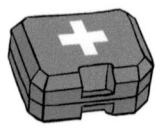

botiquín de primeros auxilios

የመጀመሪያ እርዳታ መድሃኒት መያዣ

SOS

ነፍስ አድን

policía

ፖሊስ

Tierra

ምድር

Europa

አዉሮፓ

América del Norte

ሰሜን አሜሪካ

América del Sur

ደቡብ አሜሪካ

África

አፍሪካ

Asia

እስያ

Australia

አዉስትራሊያ

Atlántico

አትላንቲክ

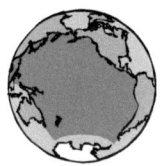

Pacífico

ፓስፊክ

Océano Índico

የህንድ ዉቅያኖስ

Océano Antártico

አንታርክቲክ ዉቅያኖስ

Océano Ártico

አርክቲክ ዉቅያኖስ

polo norte

ሰሜን ዋልታ

polo sur

ደቡብ ዋልታ

Antártida

አንታርክቲካ

Tierra

ምድር

tierra

መሬት

mar

ባህር

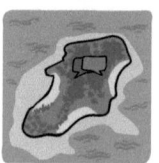

isla

ደሴት

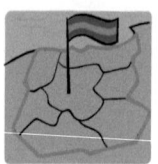

nación

አገርና ህዝብ

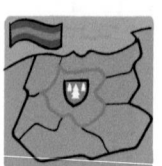

estado

መንግስት

reloj

ሰዓት

esfera

የሰዓት ገፅታ

manecilla de las horas

ሰዓት

minutero

ደቂቃ

segundero

ሴኮንድ

¿Qué hora es?

ስንት ሰዓት ነው?

día

ቀን

hora

ጊዜ

ahora

አሁን

reloj digital

የቁጥር ሰዐት

minuto

ደቂቃ

hora

ሰዓታት

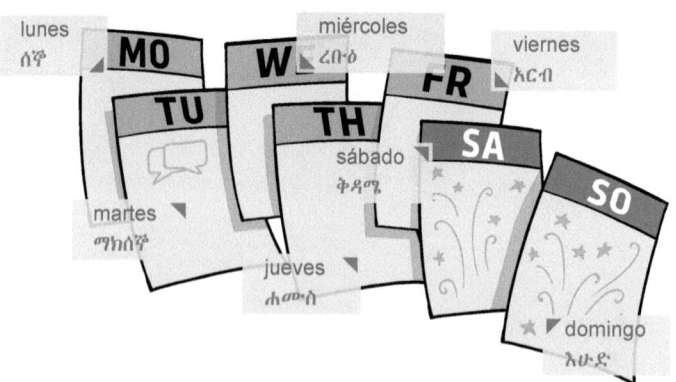

lunes
ሰኞ

miércoles
ረቡዕ

viernes
ኣርብ

martes
ማክሰኞ

sábado
ቅዳሜ

jueves
ሐሙስ

domingo
እሁድ

ayer
....
ላን

hoy
....
ሬ

mañana
....
ነገ

mañana
....
ማለዳ

mediodía
....
ቀ ር

tarde
....
ምሽ

MO	TU	WE	TH	FR	SA	SU
1	2	3	4	5	6	7
8	9	10	11	12	13	14
15	16	17	18	19	20	21
22	23	24	25	26	27	28
29	30	31	1	2	3	4

días hábiles
....
የስራ ቀና

MO	TU	WE	TH	FR	SA	SU
1	2	3	4	5	6	7
8	9	10	11	12	13	14
15	16	17	18	19	20	21
22	23	24	25	26	27	28
29	30	31	1	2	3	4

fin de semana
....
የዕረፍ ቀና

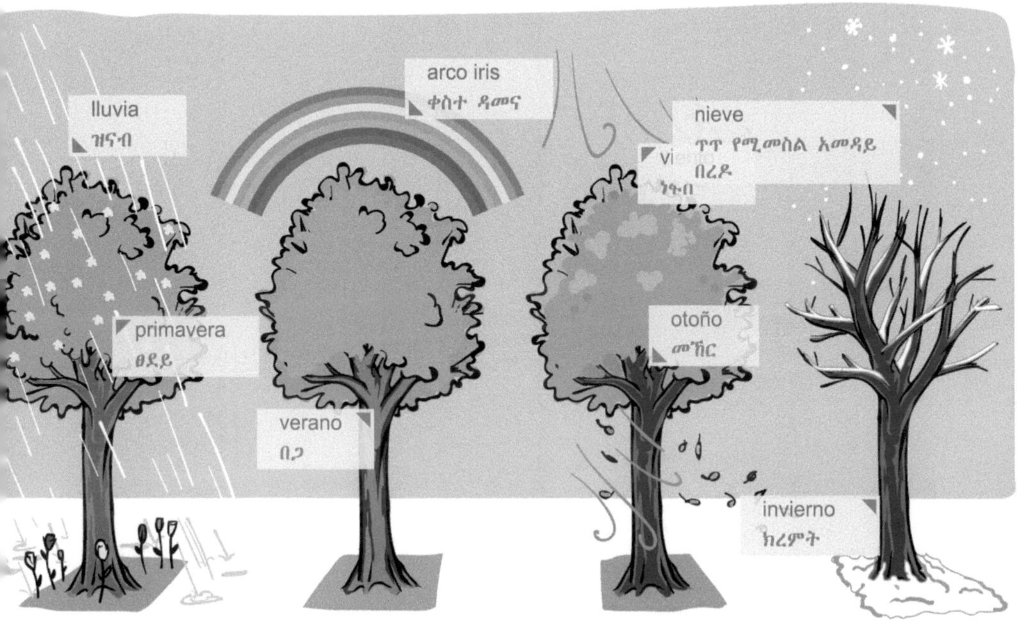

lluvia
ዝናብ
arco iris
ቀስተ ዳመና
nieve
ጥጥ የሚመስል አመዳይ
በረዶ
vi
ንፋብ
primavera
ፀደይ
otoño
መኸር
verano
በጋ
invierno
ክረምት

4.APRIL 11°
5.APRIL 4°
6.APRIL 13°
7.APRIL 8°
8.APRIL 10°

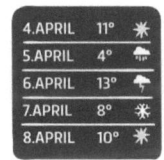

ronóstico meteorológico

የአየር ሁኔታ ትንበያ

F C
120 40
90 30
60 20
30 10
0 0
-30 -10
-20

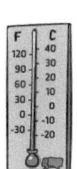

termómetro

የሙቀት መለኪያ

luz del sol

የፀሀይ ሙቀት

nube

ደመና

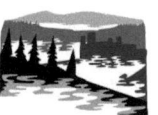

niebla

ጭጋግ

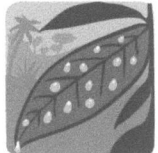

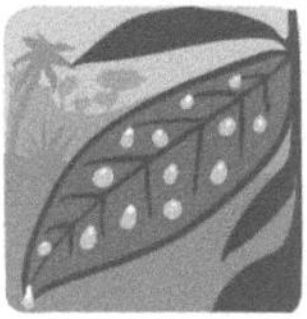

humedad

እርጥበታማነት

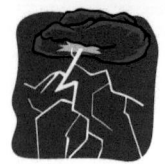

rayo

መብረቅ

trueno

ነጎድጓድ

tormenta

አዉሎ ንፋስ

granizo

የበረዶ ዝናብ

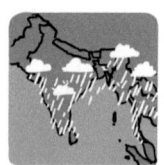

monzón

አዉሎ ንፋስ

inundación

ጎርፍ

hielo

በረዶ

enero

ጥር

febrero

የካቲት

marzo

መጋቢት

abril

ሚያዚያ

mayo

ግንቦት

junio

ሰኔ

julio

ሐምሌ

agosto

ነሀሴ

año - ዓመት

septiembre

መስከረም

octubre

ጥቅምት

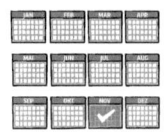

noviembre

ዳር

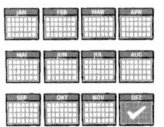

diciembre

ታ ሳስ

formas

ርዖች

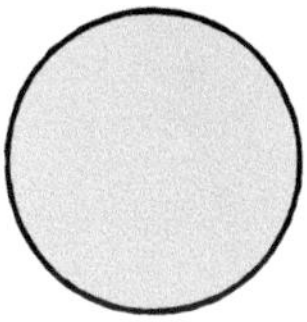

círculo

ክብ

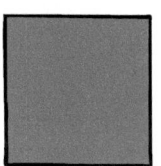

cuadrado

አራት ማዕዘን

rectángulo

አራት ጥተኛ ማዕዘኖች ጎኖች ያሉት ቅርፅ

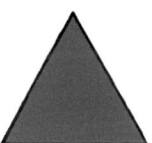

triángulo

ሶስት ማዕዘን

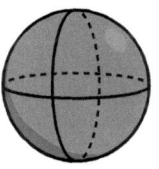

esfera

ሉል

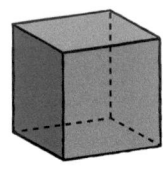

cubo

ስድስት ጎን ያለዉ ቅርፅ

colores

ቀለማት

blanco

ነጭ

amarillo

ቢጫ

naranja

ብርቱካናማ

rosa

ሮዝ

rojo

ቀይ

violeta

ወይን ጠጅ

azul

ሰማያዊ

verde

አረንጓዴ

marrón

ቡኒ

gris

ግራጫ

negro

ጥቁር

mucho / poco

ብዙ/ ጥቂት

enojado / tranquilo

ንዴት/ እርጋታ

lindo / feo

ቆንጆ/ አስቀያሚ

principio / fin

ጅማሬ/ ፍፃሜ

grande / chico

ትልቅ/ ትንሽ

claro / oscuro

ደማቅ/ ደብዛዛ

hermano / hermana

ወንድም/ እህት

limpio / sucio

ንፁህ/ ቆሻሻ

completo / incompleto

የተሟላ/ ያልተሟላ

día / noche

ቀን/ ምሽት

muerto / vivo

የሞተ/ ህያዉ

ancho / angosto

ሰፊ/ ጠባብ

comestible / no comestible

························

የሚበላ/ የማይበላ

malo / amable

·············

ክፉ/ ደግ

entusiasmado / aburrido

··················

ደስተኛ/ ድብርተኛ

gordo / flaco

·············

ወፍራም/ ቀጭን

primero / último

··············

መጀመርያ/ መጨረሻ

amigo / enemigo

·············

ጓደኛ/ ጠላት

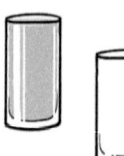

lleno / vacío

·············

ሙሉ/ ጎዶሎ

duro / blando

·············

ጠንካራ/ ለስላሳ

pesado / liviano

··············

ከባድ/ ቀላል

hambre / sed

·············

ረሃብ/ ጥማት

enfermo / sano

·············

ህመም/ ጤንነት

ilegal / legal

············

ህገወጥ/ ህጋዊ

inteligente / estúpido

··················

ጎበዝ/ ደደብ

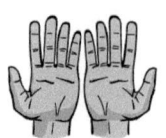

izquierda / derecha

···············

ግራ/ ቀኝ

cerca / lejos

············

ቅርብ/ ሩቅ

nuevo / usado

አዲስ/ አሮጌ

nada / algo

ምንም/ የሆነ ነገር

viejo / joven

ሽማግሌ/ ወጣት

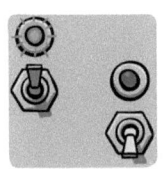

encendido / apagado

የበራ/ የጠፋ

abierto / cerrado

ክፍት/ ዝግ

silencioso / ruidoso

ፀጥታ/ ጫጫታ

rico / pobre

ሃብታም/ ደሃ

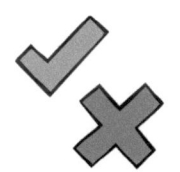

correcto / incorrecto

ትክክለኛ/ የተሳሳተ

áspero / suave

ሻካራ/ ለስላሳ

triste / contento

ሐዘን/ ደስታ

corto / largo

አጭር/ ረዥም

lento / rápido

ዝግተኛ/ ፈጣን

mojado / seco

እርጥብ/ ደረቅ

caliente / frío

ሞቃት/ ቀዝቃዛ

guerra / paz

ጦርነት/ ሰላም

números

ቁጥሮች

0	**1**	**2**
cero	uno	dos
ዜሮ	አንድ	ሁለት
3	**4**	**5**
tres	cuatro	cinco
ሶስት	አራት	አምስት
6	**7**	**8**
seis	siete	ocho
ስድስት	ሰባት	ስምንት
9	**10**	**11**
nueve	diez	once
ዘጠኝ	አስር	አስራ አንድ

12

doce

አስራ ሁለት

13

trece

አስራ ሶስት

14

catorce

አስራ አራት

15

quince

አስራ አምስት

16

dieciséis

አስራ ስድስት

17

diecisiete

አስራ ሰባት

18

dieciocho

አስራ ሰስምንት

19

diecinueve

አስራ ዘጠኝ

20

veinte

ሃያ

100

cien

መቶ

1.000

mil

ሺህ

1.000.000

millón

ሚሊዮን

idiomas

ቋንቋዎች

inglés

እንግሊዝኛ

inglés americano

የአሜሪካ እንግሊዝኛ

chino mandarín

የቻይና ማንዳሪን

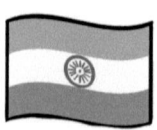

hindi

ሂንዱ

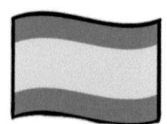

español

ስፓኒሽ

francés

ፍሬንች

árabe

አረብኛ

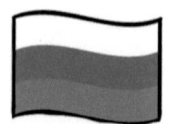

ruso

ራሺያኛ

portugués

ፖርቱጊዝ

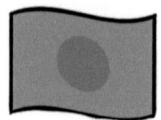

bengalí

ቤንጋሊ

alemán

ጀርመን

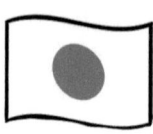

japonés

ጃፓንኛ

quién / qué / cómo
ማን/ ምን/ እንዴት

yo

እኔ

vos

አንተ

él / ella

እሱ/ እርሷ/ እቃዉ

nosotros

እኛ

ustedes

አንተ

ellos

እነርሱ

¿quién?

ማን?

¿qué?

ምን?

¿cómo?

እንዴት?

¿dónde?

የት?

¿cuándo?

መቼ?

nombre

ስም

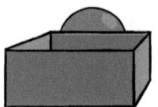

dónde

የት

detrás

በስተጀርባ

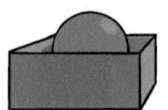

en

ዉስጥ

adelante de

ከፊት ለፊት

por encima de

ከላይ

sobre

ላይ

debajo de

ከስር

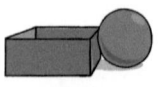

al lado de

አጠገብ

entre

መሃከል

lugar

ቦታ